RÉPONSE

A QUELQUES PAMPHLETS

CONTRE LA CONSTITUTION.

PAR M. G.......

PARIS.

1814.

RÉPONSE

A QUELQUES PAMPHLETS

CONTRE LA CONSTITUTION.

———

Depuis que la censure a été rétablie, dans la vue d'assurer la liberté publique, et d'empêcher que la liberté de la presse ne devînt un moyen de corruption, d'insulte et de diffamation, on a si lâchement diffamé certains personnages déchus ; on en a si platement loué d'autres nouvellement élevés ; enfin, on a si follement et si indignement censuré les institutions destinées à mettre désormais la France à l'abri des attentats du despotisme et des désordres de l'anarchie, que beaucoup d'honnêtes citoyens ont pu croire qu'en prenant cette mesure, on avait seulement voulu se réserver la faculté de distribuer *ad libitum* les adulations et les outrages, et de pouvoir prôner ou avilir les hommes et les choses, selon le besoin et les passions du moment.

J'ose croire qu'on a eu des motifs plus nobles et plus utiles, pour porter cette atteinte à la constitution, si près du moment où elle venait de naître ; je suis persuadé que, si la liberté de la presse a été momentanément mise à la gêne, ce n'a été que pour enchaîner les passions de partis qui auraient pu se livrer une guerre furieuse, et renverser l'état, avant qu'on l'eût assis et affermi sur de nouvelles bases ; mais que d'ailleurs on n'a pas voulu comprimer l'élan des sentimens généreux et patriotiques, et qu'il est toujours permis de publier des vérités utiles, lorsqu'on prouve, par la modération de son langage, qu'on n'est sous l'influence d'aucun parti, et qu'on ne cède qu'à un véritable amour du bien public.

Je n'userai point ici de cette liberté pour reprocher l'infamie de leur conduite, à ces vils pamphlétaires, qui insultent aujourd'hui d'une manière si odieuse des hommes qu'ils flagornaient hier d'une manière si dégoûtante.

Je ne dirai point à ceux qui, par un zèle plus ou moins pur, applaudissent à toutes ces turpitudes, et s'empressent de les répéter, combien il est peu honorable pour eux d'être l'écho des bouches impures d'où elles partent; combien il y a peu d'utilité, de courage, de justice même, à accabler des hommes qui n'ont plus le pouvoir de nuire, qui n'ont pas même le moyen de se défendre; combien d'ailleurs on se ravale en mettant si bas ces mêmes hommes, dont on a si long-temps et si patiemment supporté la domination; combien enfin les peuples étrangers, qui nous observent, peuvent prendre une opinion peu avantageuse de la justesse de notre esprit et de la loyauté de notre caractère, en nous voyant tout décrier, sans aucune mesure, dans la conduite et les œuvres d'un gouvernement dont on a tout loué avec exagération.

Je croirai faire une chose plus utile en répondant à ceux de ces brocheurs de diatribes qui pensent servir la cause de l'autorité royale en attaquant la constitution, qui seule peut lui servir de base. Plusieurs de ces prétendus amis du roi (1), qui sont en effet ses ennemis les plus dangereux, semblent s'être donné le mot pour écrire qu'*il ne faut point de constitution*; que Louis est *notre légitime maître*; que c'est un attentat de vouloir borner ses pouvoirs; que c'est aussi méconnaître les véritables intérêts de la nation; qu'elle ne peut trouver de solide garantie de ses droits que dans la bonté paternelle du roi, et le roi que dans la soumission respectueuse et l'obéissance passive de la nation.

Je ne sais point s'il est encore beaucoup de Français qu'un pareil langage ne révolte point; mais j'ose dire qu'il est fait pour exciter l'indignation publique. Quoi! l'on peut vouloir qu'un état comme la France n'ait point de constitution! On ose, au dix-neuvième siècle, après vingt-cinq ans de révolution, et dix années de règne de Buonaparte, proposer à trente millions de Français de se livrer à un homme pieds et poings liés; de se donner à lui sans réserve; de se mettre sans pudeur, sans dignité, à sa discrétion! Il y a tant de démence et de bassesse dans cette idée, que je ne croirais pas qu'il existât des Français capables de la concevoir, et sur-tout de la publier, si je n'avais eu le dégoût et l'humiliation de l'entendre. Heureusement, ces apôtres déhontés de la servitude, ne sont ni très-nombreux ni très à craindre.

Mais il est un plus grand nombre de personnes qui, en criant qu'il ne faut point de constitution, demandent qu'on fasse revivre les anciennes lois de la monarchie. Si ce vœu semble moins bas, il n'est pas beaucoup plus sensé. Où sont en effet ces prétendues lois de la monarchie dont on réclame le rétablissement ? A-t-on jamais eu en France, avant 1791, des lois qui déterminassent les attributions du monarque et les droits de la nation, qui fixassent les limites des divers pouvoirs et les balançassent de manière à garantir à la fois la liberté publique et l'exercice de l'autorité royale ? La France, dit-on, trouvait dans le droit de remontrance et d'enregistrement dont les parlemens étaient revêtus, une barrière insurmontable contre les entreprises de l'autorité. Je ne rappellerai point ici que ce prétendu droit n'était qu'une usurpation, que jamais la nation n'avait confié à aucun parlement le pouvoir de la représenter et de la défendre ; mais je demande à quelle époque les parlemens usèrent du droit d'enregistrement dans l'intérêt de la nation ; si, sous les rois d'un caractère fort, ils ne furent pas ordinairement les complices du despotisme ; si, sous les princes faibles, ils eurent d'autre ambition que celle d'affermir leur autorité ; si enfin, à aucune époque, ils se montrèrent animés d'un véritable patriotisme ? Je ne répéterai point tout ce qu'on a dit de l'inconvenance et des dangers qu'il y avait à ce que de simples corps judiciaires exerçassent ainsi l'autorité législative, à ce que des pouvoirs si essentiellement distincts se trouvassent confondus dans les mêmes mains ; je ne montrerai point les bigarrures choquantes qui naissaient de la faculté qu'avaient tous les parlemens d'accorder ou de refuser l'enregistrement, faculté de laquelle il devait résulter qu'un même édit avait force de loi dans une province, et n'obligeait point dans une autre. Sans révéler ici tous les vices de ces corps et ceux des autres institutions de l'ancienne monarchie, je demanderai à ceux qui désirent qu'on les rétablisse, à quelle époque ils veulent que nous nous reportions ; si l'on doit remettre les choses dans l'état où elles étaient sous les rois de la première, de la seconde ou de la troisième race ; sous Clovis, sous Charlemagne, dans les beaux jours de l'anarchie féodale, ou sous le despotisme paternel de ces rois qu'on dit avoir été si bons, et qui voulaient sur-tout être si maîtres, ou enfin sur le pied où elle se trouvait en 1789 ?

La question pourra leur paraître embarrassante ; ils trouvent que nos pères ont été si heureux à toutes ces époques, et sur-tout pendant les huit derniers siècles de la monarchie, qu'il devra leur être difficile de juger à quel temps il vaut mieux se reporter, quelles institutions il convient de faire revivre. Je doute fort cependant qu'ils se contentent de ce qui existait en 1789. Ils ne pourront manquer de voir que la monarchie avait déjà dégénéré à cette époque, que la nation commençait à trop sentir sa dignité et son indépendance, que le roi, la noblesse et le clergé n'avaient plus assez d'ascendant sur l'esprit public ; ils voudront, en conséquence, que le roi soit investi d'un pouvoir absolu, que les nobles et les prêtres recouvrent leur crédit et leurs richesses, que la féodalité renaisse et rentre dans tous ses droits ; et comme il sera convenable que tout s'accorde dans un si bel ordre de choses, on sent que, pour éviter des disparates choquantes, ils ne pourront guère se dispenser de demander qu'on nous rende les épreuves de l'eau et du feu, les combats judiciaires, le congrès, les tortures, et sur-tout ces lettres de cachet si indispensables pour le maintien de tout le reste. Qu'on ne croie point que je raille. Tels sont au juste les vœux secrets de ces hommes qui demandent le retour de l'ancien ordre de choses. Ils se moquent bien que le gouvernement soit légalement constitué, pourvu qu'il soit assez fort pour leur assurer le premier rang et les meilleures places ; ils se moquent bien que la nation soit libre, pourvu qu'ils soient les premiers esclaves. Quelle honte pourtant et quelle stupidité ! Quand la Grande-Bretagne, l'Helvétie, les Etat-Unis jouissent avec orgueil de leur indépendance politique ; quand l'Espagne, la Hollande, la Norwège et d'autres peuples régénèrent leurs gouvernemens et marchent de front vers la liberté, faut-il qu'il se trouve parmi nous des hommes assez lâches, assez bornés, pour vouloir que la France seule reste en arrière, et qu'elle descende même du rang où la soutiennent les lumières et la philosophie de notre âge, pour rétrograder vers des siècles d'ignorance, de barbarie et d'esclavage ? D'où arrivent donc ces hommes extraordinaires ? Quel lieu désert ont-ils habité depuis vingt-cinq ans ? N'ont-ils aucune idée de notre statistique morale ? Ont-ils oublié dans quelle situation ils laissèrent les esprits en 1789 ? Peuvent-ils croire qu'ils soient aujourd'hui dans des dispositions plus favorables au despotisme ? Si les quinze premières années de la révolution ont dû nous apprendre à redouter l'anarchie, les dix dernières ont-elles dû nous inspirer moins d'horreur pour les gouvernemens arbitraires ?

La France, disent-ils, trouvera dans le cœur paternel des Bourbons la meilleure garantie de la modération avec laquelle ils useront de leur autorité. A Dieu ne plaise que je témoigne ici la moindre inquiétude sur les dispositions de ces princes à notre égard. Je sais, au contraire, tous les motifs de confiance et d'amour que l'on peut puiser dans la bonté, la noble franchise et la générosité de leur caractère. Mais qui ne sent d'abord, que plus ces princes doivent nous être chers, plus il nous importe de donner à leur autorité le seul appui solide qu'elle puisse avoir, l'appui des lois et de l'opinion ? que plus leurs intentions sont pures et libérales, plus il est à désirer qu'elles soient réglées par des lois qui les dirigent toujours au bien public ? Et puis, ces lois si nécessaires à leur sureté, sont-elles véritablement inutiles à la nôtre ? Les Bourbons sont des princes justes et magnanimes sans doute ; mais leurs conseillers et leurs ministres seront-ils des gens de bien ? Où sont aujourd'hui les hommes d'état qui croient la probité nécessaire dans l'exercice de leurs fonctions ? La politique, depuis long-temps, est-elle autre chose, parmi nous, que l'art odieux de jouer les hommes, et de violer adroitement toutes les lois ? Nous sommes bien certains que les Bourbons actuels ne veulent que le bonheur de la France; mais peuvent-ils nous répondre des dispositions de leurs successeurs? Si leur famille a eu des Henri IV, ils ne doivent point oublier qu'elle compte aussi des Louis XI et des Charles IX. Un prince stupide ou méchant peut naître du meilleur et du plus éclairé de tous les princes. Ne sait-on pas que le plus grand homme qui ait gouverné la France, que Charlemagne, ne laissa pour héritiers de son trône, que des princes faibles et imbécilles? Oublie-t-on que Tibère fut le successeur d'Auguste, et Commode le fils de Marc-Aurèle? Enfin, quand les annales du monde ne nous offrent pas l'exemple d'un seul prince dont le nom soit arrivé à la postérité, exempt de tout reproche, est-il permis de compter sur des générations de bons rois?

Une constitution bien faite et bien établie peut seule prévenir les changemens, les agitations et les troubles qui naissent toujours chez un peuple privé de lois politiques, de la diversité de mœurs et de caractère des princes qui le gouvernent. Elle ne gêne jamais les vues généreuses des grands rois qui veulent sincèrement le bien de leurs peuples; elle dirige les princes inhabiles, soutient les princes faibles contre les ambitieux qui voudraient les renverser, et offre de toutes parts des barrières insurmontables aux mauvais princes qui voudraient se servir, pour opprimer les peuples, des moyens mis en leurs mains pour défendre les lois. La Grande-Bretagne vient d'offrir au monde un exemple à jamais mémorable, de ce que peut une bonne constitution. Elle a eu à se défendre contre les puissances conjurées de l'Europe, tandis que son prince était dans un état habituel de maladie et d'imbécillité: nous voyons comment elle est sortie de cette terrible lutte. Faut-il qu'un pareil exemple soit perdu pour les Français? Supposons que Georges III eût été livré à ses propres forces, et privé de l'appui de la constitution anglaise; mettons même, si l'on veut, à sa place, dans cette hypothèse, tel de nos rois qu'on voudra choisir, que serait devenue la Grande-Bretagne? Faisons une autre supposition; admettons que Buonaparte eût respecté les lois constitutionnelles de la France, et qu'il eût été soutenu par elles : peut-être ses aigles victorieuses auraient-elles franchi le canal. On peut affirmer du moins que jamais des armées étrangères n'auraient foulé le sol sacré de la patrie. Les princes alliés, en effet, peuvent bien se glorifier d'avoir battu Buonaparte ; mais oseraient-ils se flatter d'avoir vaincu la France, qui depuis si long-temps avait séparé sa cause de celle de son chef, dont tous les sentimens résistaient à des guerres qui n'étaient point soutenues pour elle, et qui ne tendaient qu'à assurer sa ruine et son asservissement ? Il est même inconcevable que dans cette opposition de l'esprit national avec les entreprises du gouvernement, les armées françaises que ne soutenaient plus les vœux de la patrie, aient pu résister si long-temps aux forces accumulées de toute l'Europe, et jamais leur valeur n'a brillé de tant d'éclat que dans les jours de nos revers.

Ainsi, la véritable raison de l'avantage que l'Angleterre a obtenu sur la France dans la grande lutte qui vient de finir, c'est que l'Angleterre avait une constitution et des lois à défendre, tandis que la France n'en avait point, et que par suite de cette immense différence une nation entière faisait la guerre d'une part, tandis qu'un homme seul la faisait de l'autre. Il est impossible, après un aussi éclatant exemple, de ne pas sentir à quel point il importe d'unir enfin la cause des Français à celle de leur gouvernement, par des institutions qu'ils soient tous intéressés à défendre. Aussi les princes éclairés que nous venons d'appeler au trône, profondément pénétrés de cette vérité capitale, manifestent-ils le désir sincère que le gouvernement soit assis sur une constitution forte et libérale. Qui ne connaît la réponse de Monsieur au sénat, réponse dans laquelle ce prince a reconnu tous les principes fondamentaux de la nouvelle constitution ? Qui n'a point admiré les belles paroles que S. A. a adressées au corps législatif ? En félicitant ce corps de sa noble et courageuse résistance à la tyrannie, n'a-t-elle pas montré toute son horreur pour un régime arbitraire, et placé en quelque sorte le roi dans la nécessité de gouverner d'après les lois ? S. A. n'a-t-elle pas, dans toutes les occasions, professé les mêmes principes, parlé de son respect pour les lois, de son amour pour la patrie? n'a-t-elle pas témoigné aussi combien l'ame grande et noble du roi, serait peu flattée d'une obéissance aveugle et passive? Comment donc tant de prétendus bons royalistes osent-ils dire qu'il ne faut point de constitution, que le roi doit être investi de tous les pouvoirs, et que sa volonté seule doit faire loi? comment osent-ils parler autrement que leur maître? seraient-ils assez préoccupés de leurs idées, pour lui faire l'injure de croire qu'il n'est pas de bonne foi dans les principes généreux qu'il proclame?

Frappés de cette inconvenance, quelques-uns conviennent que la France doit avoir une constitution; mais ils repoussent avec une espèce d'horreur l'idée qu'elle ne soit point l'ouvrage du roi. Le sénat, disent-ils, était tout-à-fait incompétent pour travailler à ce grand œuvre; il est odieux sur-tout qu'il lui en ait proposé l'acceptation, comme une condition de son avènement au trône. Louis est de droit le légitime roi de France, et c'est à lui seul qu'il appartient de faire une constitution, si tel est le bon plaisir de S. M.

Il y a dans ce langage un renversement de sentimens et d'idées fait pour révolter, pour désespérer tout homme délicat et éclairé qui sent sa dignité comme citoyen, et sur-tout le danger auquel ces doctrines serviles exposent l'Etat et le roi. Mais qu'est-ce donc enfin qu'un *roi légitime*, et quel sens attache-t-on à ces mots qu'on a d'abord jetés en avant avec tant d'adresse, et qu'on répète depuis avec une affectation qui semble si calculée? Il paraît que leur objet est de présenter *Louis-Stanislas-Xavier* comme successeur de Louis XVII, et comme ayant toujours eu depuis la mort de ce jeune prince, le titre de roi de France, et les droits attachés à la royauté, conformément aux anciennes lois de la monarchie.

Mais à quelle fin dire que Louis est appelé par des lois incertaines, oubliées, quand les vœux de tout un peuple le placent sur le trône? Pourquoi présenter un titre douteux quand on en possède un incontestable? Pourquoi avoir l'air de compter la volonté nationale pour si peu, lorsqu'en effet elle est tout, et qu'elle seule peut faire loi ? On ne sait point combien c'est s'abuser que de suivre une pareille marche ? C'est outrager, en pure perte, la raison et le cœur des Français; c'est faire violence à toutes les idées pour mal assurer l'autorité royale. Quelles suppositions, en effet, n'est-on pas réduit à souffrir, pour pouvoir regarder Louis comme roi légitime, de droit, et sans le secours de la constitution? En admettant que Hugues Capet n'usurpa point le trône sur lequel étaient assis les descendans de Charlemagne, ou que les états-généraux qui furent convoqués depuis à diverses époques, légitimèrent cette usurpation et confirmèrent l'autorité royale dans les mains de ses successeurs; qu'en 1791 particulièrement, Louis XVI fut reconnu roi des Français, et que l'arrêt de mort rendu plus tard contre ce malheureux prince, fut en effet aussi illégal qu'il était horrible ; que par suite le jeune dauphin dut succéder à son père, et qu'il mourut roi de France ; il faut admettre encore que depuis cette époque, il n'a rien été fait de légal ; que la nation n'a point manifesté de vœu contraire à celui qu'elle exprima en 1791 ; qu'elle n'a point donné sa sanction à la constitution de l'an 8, et reconnu le gouvernement consulaire; qu'elle a encore moins reconnu le gouvernement impérial, quoique Buonaparte ait été nommé par un corps compétent; quoique cet acte ait été confirmé par des millions de signatures, et que jamais le gouvernement des Bourbons n'ait été aussi légalement établi ; quoique, depuis, la nation ait constamment envoyé ses députés au Corps législatif, que les deux tiers des familles aient obtenu ou du moins sollicité des places, et que jamais le gouvernement des Bourbons n'ait été plus universellement reconnu; quoique toutes les puissances de l'Europe aient traité avec Buonaparte ; quoique l'empereur d'Autriche l'ait accepté pour gendre, et que plusieurs princes d'Allemagne se soient alliés à sa famille. Il faut dire par conséquent que tout ce qui a été fait sous les gouvernemens impérial et consulaire est radicalement nul ; que les lois n'ont été que des actes de violence ; que, par suite, il n'a pu être prononcé que des jugemens iniques ; que tout arrêt de mort a été un assassinat ; que tout acte de divorce a fait deux adultères ; que depuis quinze ans il n'y a en France que des concubines, et qu'on n'y fait que des bâtards. Il faut dire que tant de braves et généreux militaires qui ont prodigué leur sang pour la patrie, n'ont été que de lâches brigands, que les complices odieux d'un Catilina ; que tant de magistrats intègres, de fonctionnaires irréprochables, ont volontairement servi la cause d'un usurpateur ; que toute la nation, en un mot, a été, depuis quinze ans, dans un état permanent de licence et de prostitution. Il faut dire enfin que les puissances de l'Europe ont eu la lâcheté de traiter avec un factieux, et que le descendant des Césars a pu s'abaisser jusqu'à donner sa fille à un aventurier marié. Voilà à quelles conséquences on est forcé d'arriver, quand on veut considérer comme nuls tous les gouvernemens qui se sont succédés depuis vingt-cinq ans, et déclarer aujourd'hui Louis-Stanislas-Xavier héritier de plein droit du dernier Dauphin.

Mais il faut admettre une chose plus choquante encore, c'est que pendant vingt-cinq ans de révolution, la France ne peut pas avoir changé de volonté ; qu'elle ne peut pas même en changer aujourd'hui, et qu'en 1814 elle se trouve liée par le vœu qu'elle exprimait en 1791, ou à des époques plus reculées. Or, je dis que cela est non-seulement révoltant d'absurdité, mais encore très-impolitique. Il y a trop long-temps que les Bourbons avaient cessé de régner en France, pour que la génération actuelle puisse les reconnaître sans les appeler ; elle est sur-tout trop éclairée pour jamais croire qu'ils puissent avoir d'autres droits que ceux que leur donnera une constitution discutée par les représentans de la nation et acceptée par elle. C'est là un point sur lequel M. de B., M. de C., et tous les saints de leur secte ne parviendront jamais à brouiller nos idées, et il est même à désirer qu'on ne cherche pas trop à faire violence aux esprits sur cet article ; car il ne seroit pas moins dangereux aujourd'hui de vouloir nous imposer des *maîtres légitimes*, qu'il ne l'eût été peut-être à d'autres époques de laisser mettre en question les bases de l'autorité royale, et de vouloir fonder le gouvernement sur les lois.

Mais en admettant qu'il faille une constitution, le sénat, dit-on, était incompétent pour la faire, et cet acte doit être considéré comme non avenu. Il eût sans doute été plus régulier et plus satisfaisant pour nous qu'on eût convoqué des états – généraux et confié le soin de rédiger la charte constitutionnelle à une assemblée dont tous les membres fussent en possession de l'estime et de la confiance publique. Mais peut - on faire un crime au sénat de ce qu'il n'en a pas été ainsi? Oublie - t - on qu'il a été convoqué par les puissances alliées, et invité par elles à se former en assemblée constituante? Affecte-t-on d'ignorer, d'ailleurs, que ce n'est point le sénat qui a rédigé le projet de constitution, qu'il lui a été présenté par le gouvernement provisoire, et qu'on ne lui a pas même laissé le temps de le discuter? Ne voit-on pas, enfin, qu'en subordonnant la validité de cet acte à l'acceptation du peuple Français, il a mis ses sentimens et son ouvrage à l'abri de toute censure? Ne sent-on pas alors combien il est absurde de dire que l'acte constitutionnel est nul, avant de savoir s'il sera accepté par la nation (2)? Combien cela est choquant sur-tout, quand on voit qu'il a obtenu le suffrage de l'armée, de la garde nationale de Paris, et de tous les corps de l'état? Et combien il serait à-la-fois indécent et dangereux de le considérer comme réellement nul, sans avoir au moins pris de nouveau l'avis de tous les citoyens notables qui y ont adhéré, et qui n'ont consenti à reconnaître l'autorité du nouveau gouvernement, que sur la foi de l'acte qui doit en régler les pouvoirs?

Les ennemis de la constitution jettent les hauts cris de ce que Louis-Stanislas-Xavier ne peut être proclamé roi qu'après l'avoir signée et juré d'observer et de la faire observer. Ils trouvent que cette condition est une insulte faite à l'autorité royale. Ces hommes si fiers et si dédaigneux, vis-à-vis de la nation, tremblent toujours de ne pas être assez rampans devant les chefs qu'elle se donne. A les entendre, il faudrait dire, avec Caligula, que les princes sont des dieux.

et que les peuples ne sont pas même des hommes. Je voudrais bien savoir comment une grande nation peut manquer de respect à un individu ? comment sur-tout elle lui ferait injure en lui demandant le serment de rester fidèle à l'acte par lequel elle l'élève à la suprême magistrature, et lui confie la garde de ses lois et de son bonheur ? Si vous trouvez que c'est insulter au prince que de lui proposer un pareil serment, que faudra-t-il donc faire pour l'honorer, et où placez-vous la véritable grandeur ? Mais est-ce une question à faire à des esclaves ?

On ne supporte pas l'idée que les pouvoirs du roi soient limités ; on veut le rendre l'arbitre suprême de nos destinées ; à lui seul appartient le droit de faire des lois (3) ; c'est blasphémer que de dire qu'il est créé par la constitution : *le roi est*, dit-on, il est celui qui est, comme le grand Dieu de l'écriture ; loin de devoir son existence à la constitution, la constitution, au contraire, doit être son ouvrage, et la nation ne peut recevoir que de lui son existence politique. Quelle odieuse doctrine ! Hâtons - nous de réparer l'injure mortelle qu'elle fait à l'humanité, et particulièrement à la nation française ; hâtons-nous de dire, que *Louis-Stanislas-Xavier*, loin de pouvoir, lui seul, régler nos destinées, est au contraire le seul français qui ne puisse prendre aucune part active à l'acte qui les fixera ; qu'il suffit que nos vœux se tournent vers lui, et le désignent comme le français le plus digne de la première magistrature de l'état, pour qu'il doive s'abstenir, ne fût-ce que par pudeur, de concourir à la formation des lois qui régleront ses pouvoirs, et dont il deviendra le dépositaire. Il peut, sans doute, comme tout autre Français, faire part à la nation des vues utiles qu'une longue expérience, de grandes lumières et de profondes méditations peuvent lui avoir données sur le gouvernement qui conviendrait le mieux à la France ; mais si, comme on l'assure, il nous apporte le tribut précieux de ses idées, son ame noble et délicate lui fera sans doute un devoir impérieux encore de ne point influencer les décisions des corps représentatifs auxquels il appartiendra de les discuter.

Je n'ai que quelques mots à ajouter. On assure qu'il existe déjà trois partis dans l'état, disposés à entrer en guerre pour se disputer l'autorité. Le premier, dit-on, est celui de ces soi-disant royalistes, de ces hommes ignorans, orgueilleux et cupides, qui ne conçoivent que le pouvoir absolu, qui voulurent toujours faire classe à part, et séparer leurs intérêts de ceux de la nation; de ces hommes dont l'histoire se lie essentiellement à celle de tous les abus, qui abandonnèrent Louis XVI, parce qu'il autorisa la suppression des plus odieux, qui ne se rallient à son frère que dans la confiance qu'il les rétablira, et qui l'abandonneraient peut-être si cette confiance était trompée et qu'il eût quelques dangers à courir. Le second est celui de ces Jacobins forcenés (4) qui firent dégénérer la révolution de 1789 en un gouvernement qui réunissait toutes les horreurs de l'anarchie à tous les excès du despotisme, et qui voudraient donner la même direction à la révolution de 1814. Enfin, le troisième est celui des séïdes et des sicaires de Buonaparte, qui, craignant de rester oisifs sous un bon gouvernement, paraissent disposés à ne rien négliger pour empêcher qu'il s'établisse.

Au milieu de ces partis, il est une classe d'hommes dont on ne parle point, c'est celle des citoyens honnêtes qui désirent un gouvernement fondé sur les lois. Ces hommes ne considèrent point le roi comme un dieu, ils ne disent point, avec M. F., *que tous les fronts doivent s'abaisser et s'humilier devant lui; qu'on ne doit envisager la splendeur de la dignité royale qu'avec ce recueillement et ce profond respect que commande une soumission sans réserve;* mais ils le révèrent comme le premier magistrat de l'état; ils obéissent à ses ordres quand il commande au nom des lois, et se dévouent sans réserve à sa cause, quand il ne la sépare pas de celle de la nation. Ces hommes ne prennent pas non plus pour devise : *Vivre libre ou mourir*, comme le firent tant de despotes jacobins; mais ils protestent au fond de leur cœur contre tous les actes qui attentent à la liberté publique, et sont toujours prêts à se rallier aux gouvernemens qui ne veulent pas avoir plus d'autorité que ne leur en donnent les lois.

FIN.

NOTES.

(1) Il paraît, depuis les premiers jour d'avril, un journal ayant pour titre : l'*Ami du Roi* ; méfions-nous de ces amis de parade : le marquis de Mirabeau s'était baptisé l'*Ami des hommes* : Marat se disait l'*Ami du peuple.*

(2) Il faut bien se garder de prendre pour vœu national l'opinion énoncée par quelques écrivains mercenaires, ni celle de ces courtisans de province qui saisissent avec tant d'empressement l'occasion de venir à Paris mendier des places, sous le prétexte de porter au gouvernement les vœux de leurs départemens. Les protestations et les louanges qu'ils ont prodiguées à Buonaparte, quelques mois avant sa chute, donnent la juste mesure de la confiance qu'on doit avoir dans leurs adresses.

(3) Au reste, ces principes ne sont pas nouveaux. On les professait dans toute leur pureté sous le règne de Buonaparte. Voici ce que le conseiller d'état Boulay (de la Meurthe), disait, il y a quelques mois au sénat, à l'occasion d'un arrêt que les lois déclaraient inattaquable, et que Buonaparte voulait néanmoins détruire : « Notre législation n'offre aucun moyen de l'anéantir ; » il faut donc que la main du souverain intervienne: *le » souverain* (c'est-à-dire Buonaparte) *est la loi su-* » *prême toujours vivante.* » On voit d'après cela, qu'on n'a voulu que changer de maître et non point de maximes, et que ceux qui déclament aujourd'hui si haut contre ces partisans de Buonaparte, leur en veulent bien moins de leurs principes que de leur fortune.

(4) On prétend qu'un grand nombre de ceux-ci, pour rendre odieuse la cause des Bourbons, se disent royalistes, et se montrent les apôtres les plus zélés du despotisme.

Fin des notes.